Dados Internacionais de Catalogação na Publicação (CIP) de acordo com ISBD

F921c   Frizanco, Mary.

        Como me sinto quando... / Mary Frizanco ; ilustrado por Ivy Nunes. - Jandira, SP : Pingue Pongue, 2022.
        48 p. : il. ; 22,50cm x 28,50cm.

        ISBN: 978-65-84504-21-9

        1. Jogos. 2. Sentimentos. 3. Emoções. 4. Jogos. 5. Amizade. 6. Família.
I. Nunes, Ivy. II. Título.

2022-0646

CDD 794
CDU 794.1

Elaborado por Lucio Feitosa - CRB-8/8803

Índice para catálogo sistemático:
1.   Jogos : 794
2.   Jogos : 794.1

© 2022 Pingue Pongue Edições e Brinquedos Pedagógicos LTDA
Texto: Mary Lopes Esteves Frizanco
Ilustrações: Ivy Nunes
Projeto gráfico: Imaginare Studio
Produção: Grupo Ciranda Cultural

www.pinguepongueeducacao.com.br
Todos os direitos reservados.

Olá, nós somos os irmãos Pietra e Pitágoras!

Pietra

Nacionalidade: brasileira
Idade: 5 anos
Características:
- extrovertida
- carinhosa
- agitada
- persistente
- emotiva
- inteligente

Pitágoras

Nacionalidade: brasileira
Idade: 9 anos
Características:
- alegre
- calmo
- participativo
- observador
- racional
- inteligente

Certa manhã, antes de Pitágoras e Pietra irem para a escola, sua mãe lhes deu uma grande notícia.

— Crianças, neste fim de semana, vamos visitar a vovó Paula na fazenda!

— Iupi!!! — Exclamaram os irmãos, entusiasmados.

    A semana passou bem devagar para Pitágoras e Pietra, mas, quando o sábado finalmente chegou, eles arrumaram as malas e viajaram felizes com seu pai para a fazenda.

Chegando lá, após um delicioso almoço que a vovó Paula preparou, os irmãos passearam pela fazenda à procura de aventuras. Nesse passeio, eles conheceram o senhor Pedro, um fazendeiro que era vizinho da vovó Paula.

A fazenda do senhor Pedro era sensacional! Havia diversos animais, principalmente cachorros de várias raças diferentes, como buldogue, collie, akita, são bernardo... Mas o mais fofo de todos, ou melhor, a mais fofa, era a labradora Lurdes, que recentemente havia tido seis filhotes.

— Olá, dona Lurdes — Pietra cumprimentou a mãe dos cachorrinhos. — Seus filhotes são lindos!

— Aliás, somos Pitágoras e Pietra, netos da dona Paula — Pitágoras os apresentou.

— Oi, crianças, que prazer conhecer vocês! — disse dona Lurdes, com simpatia. — Faz tempo que não recebemos visitas.

— Se nossa casa ficasse perto daqui, a gente viria todos os dias! — respondeu Pietra.

— Mas vocês vieram em um ótimo dia. Conheçam os meus filhotes: Léo, Leila, Luke, Lola, Lilica e Lino — dona Lurdes apresentou a sua ninhada.

Após observar os seis filhotes de dona Lurdes atentamente, as crianças perceberam algo diferente em um deles.

— Lino é bem mais quieto que os outros. Ele não quer brincar com os irmãos? — questionou Pietra.

— Então, crianças, tenho andado bem preocupada. Percebo que Lino age diferente dos irmãos. Mas não sei o que fazer — explicou a mãe dos cachorrinhos.

— Mas nós sabemos, dona Lurdes! — disse Pitágoras. — Na fazenda da nossa avó, há um burro, que é neurologista de animais: o doutor Bonifácio. Ele é muito atencioso. O que acha de levar o Lino para uma consulta?

— Ótima ideia. Será que ele nos atenderia?

— Claro que sim! — respondeu Pitágoras. — Vamos até o consultório dele agora mesmo. Ele é um bom amigo e excelente profissional.

Sem perder tempo, as crianças, dona Lurdes e Lino foram até o estábulo da avó Paula. Chegando lá, o doutor Bonifácio os recebeu.

— Olá, crianças. Quanto tempo!... Boa tarde, simpática senhora.

— Oi, doutor. Eu sou Lurdes e moro na fazenda vizinha.

— E esse cãozinho adorável? Como se chama? — perguntou o doutor.

— É meu filho Lino! Eu o trouxe aqui porque ele se comporta de forma diferente dos irmãos — explicou dona Lurdes.

Durante a conversa entre médico e paciente, Pietra e Pitágoras ficaram apenas prestando atenção.

— O que a senhora notou de diferente em Lino? — quis saber o doutor Bonifácio.

— Ele não brinca com os irmãos, não tem interesse pelos outros animais e nem pelas pessoas. Também parece não gostar de jogos e brincadeiras... Ahh, seus movimentos são restritos e alguns são repetitivos, como perseguir a própria cauda e lamber algo específico.

— Compreendo, dona Lurdes. Observando o Lino e ouvindo tudo que a senhora descreveu, posso sugerir que Lino esteja dentro do TEA. Mas, para confirmar o diagnóstico, precisamos fazer diversas avaliações.

— TEA? — repetiram as crianças e dona Lurdes ao mesmo tempo.

— Sim, TEA! É a sigla para Transtorno do Espectro Autista. Tudo indica que Lino é um cãozinho com autismo.

— O que é isso, doutor? Tem cura? — perguntou Pitágoras.

Com calma e paciência, o doutor Bonifácio explicou:

— Autismo não é uma doença que podemos resolver com remédios. Trata-se de um transtorno do desenvolvimento. Mas isso não vai impedir que o Lino conviva com seus irmãos e amigos.

— Então ele não terá que ficar afastado de todos por causa disso? – perguntou dona Lurdes.

— Claro que não. Aliás, conviver com outros animais e pessoas vai ajudar e muito no desenvolvimento dele.

No fim da consulta, todos agradeceram ao doutor Bonifácio e voltaram para a outra fazenda. No caminho, Pitágoras foi conversando com dona Lurdes:

– Aqui na fazenda, mora a dona Zulmira, uma abelha que é professora e tem uma escola para insetos. Talvez ela conheça alguma escola para cachorros... Seria muito bom para o Lino se socializar.

– Muito obrigada pela sugestão, Pitágoras. Vou conversar com ela – agradeceu a mãe de Lino.

– Dona Lurdes – disse Pietra – para mim, o Lino é um cachorro singular. Ele vai se desenvolver muito, pois é bastante focado e esperto.

Dona Lurdes sorriu com o elogio da pequena Pietra, e seu coração ficou mais aliviado por saber que, apesar de diferente, Lino poderia se desenvolver como todo filhote.

Pitágoras e Pietra adoraram conhecer dona Lurdes e seus filhotes. Por isso, foi difícil para eles a despedida daquela família. Apesar da partida, as crianças sabiam que voltariam para visitá-los outro dia.

— Uau, Pitágoras! Foi incrível conhecer a família da dona Lurdes — disse Pietra.

— É verdade, irmãzinha. E também foi maravilhoso aprender sobre o autismo e a importância da socialização para quem tem esse transtorno. O conhecimento é um tesouro! Agora, queremos convidar você, querido leitor, a aprender um pouco mais sobre o TEA e se divertir com o jogo!

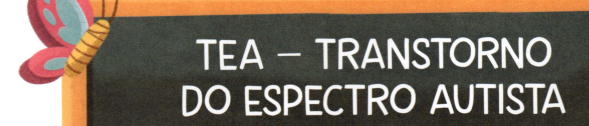

TEA – TRANSTORNO DO ESPECTRO AUTISTA

Autismo ou TEA é um transtorno do desenvolvimento que leva a comprometimentos na comunicação e interação social, englobando comportamentos restritivos e repetitivos.

O Autismo é um **transtorno do neurodesenvolvimento**, normalmente identificado nos primeiros anos de vida. O indivíduo identificado pelo médico com TEA não aparenta nada diferente dos padrões no aspecto físico, entretanto, pode demonstrar **dificuldades para estabelecer e desenvolver relacionamento** com as outras pessoas. Ou seja, os prejuízos na interação social são características marcantes nas pessoas com TEA.

Características da pessoa com TEA

- Dificuldade na interação social
- Dificuldade de comunicação
- Alterações comportamentais

Possíveis dificuldades na interação social

• Não olhar nos olhos ou evitar olhar nos olhos;

• Risos e gargalhadas inadequadas ou fora de hora;

• Não gostar de carinho ou afeto e por isso não se deixar abraçar ou beijar;

• Dificuldade em relacionar-se com outras crianças, preferindo ficar sozinho;

• Repetir sempre as mesmas coisas, brincar sempre com os mesmos brinquedos.

Dificuldade de comunicação

A pessoa com TEA, muitas vezes:

• sabe falar, mas prefere ficar em silêncio;

• refere-se a si mesma, usando em terceira pessoa;

• repete a pergunta que lhe foi feita várias vezes seguidas (ecolalia);

• mantém sempre a mesma expressão no rosto e não entende gestos e expressões faciais de outras pessoas;

• não responde quando é chamada pelo nome, como se não estivesse presente.

Alterações comportamentais possíveis

• Não tem medo de situação perigosas;

• Tem brincadeiras estranhas, dando funções diferentes aos brinquedos que possui;

• Aparenta não sentir dor e parece gostar de se machucar ou de machucar outros;

• Conduz outra pessoa para pegar o objeto que ela deseja;

• Olha sempre na mesma direção como se estivesse parado no tempo;

• Apresenta movimentos repetitivos;

• Apresenta dificuldade para se adaptar a mudanças de rotina;

• Fica agitada em lugares públicos ou em ambientes barulhentos.

Nível de funcionamento

Considerando o modo como a ciência compreende hoje o TEA, o autismo não é mais tipificado, entretanto ele ainda pode ser medido em termos de severidade. Isso é necessário com base no nível de suporte que o autista precisa para conviver em sociedade. Ou seja, mesmo não havendo mais subtipos de diagnóstico ou tipos de autismo, ainda existe um marcador de "gravidade". Ele é baseado no grau de comprometimento do transtorno e nas condições associadas a ele.

O nível de funcionamento de uma pessoa com TEA depende da gravidade de seus sintomas, disfunções e deficiências na comunicação e habilidades comportamentais e sociais.

Podemos dizer que, mais importante do que enquadrar alguém em um dos tipos de autismo (como era feito no passado), é conseguir avaliar e compreender os graus de comprometimento que a pessoa pode ter em sua independência e autonomia, assim como qual é a dificuldade que ela eventualmente pode encontrar para estabelecer e cultivar suas relações interpessoais.

Os níveis são:
- Baixo funcionamento
- Funcionamento moderado
- Alto funcionamento

Baixo funcionamento

Encontram-se no mais grave do espectro. Essas pessoas precisam de apoio significativo nas tarefas do dia a dia, como vestir-se, alimentar-se e fazer a higiene pessoal. Eles frequentemente não são capazes de viver de forma independente.

Funcionamento moderado

Geralmente precisam de assistência, mas podem ter algum grau de independência, inclusive exercer uma profissão quando adultos. Eles podem apresentar alguns desafios, como a comunicação verbal, alguns problemas comportamentais e dificuldade para socializar.

Alto funcionamento

Apresentam o grau mais leve do autismo. Pessoas autistas de alto funcionamento vivem e trabalham independentemente, suas habilidades verbais são normais, apresentam menos comportamentos repetitivos ou restritivos, mas ainda encontram dificuldade em algumas interações sociais.

MANUAL – COMO ME SINTO QUANDO...

JOGO

VAMOS JOGAR!

1) Objetivos do jogo
• Promover o reconhecimento e a verbalização de emoções;
• Desenvolver a capacidade de atenção e concentração;
• Melhorar a comunicação verbal e não verbal;
• Desenvolver relações emocionais.

2) Jogadores

Faixa etária: crianças, jovens e adultos

Número de jogadores: 2

3) Componentes do jogo

- 7 placas com o rosto da Pietra e do Pitágoras com diferentes expressões;
- 60 cartas com descrição de ações.

4) Como jogar

- Cada jogador ficará com os recortes dos rostos com as diversas expressões.
- Coloque as cartas de ações, no centro da mesa, viradas para baixo.
- O primeiro jogador retira uma carta, lê ou olha a imagem e monta o rosto com as expressões, demonstrando como se sente quando ocorre aquela ação.
- Não existe um ganhador, o jogo tem o objetivo de que os jogadores possam identificar suas emoções e consigam expressá-las por meio da montagem do rosto.

O jogo **Como me sinto quando...** é indicado para diversas faixas etárias e públicos.

a) Creche e Educação Infantil (4 e 5 anos)

Brincar com as crianças bem pequenas, com função de exploração, pegar as cartas de ações, mostrar a imagem e pedir para procurar a ficha. Para crianças a partir de 3 ou 4 anos, pode-se utilizar a regra convencional.

b) Ensino Fundamental I (6 a 11 anos)

Utilizar a regra geral.

c) Jovens e adultos

Utilizar a regra geral.

ESTOU COM CALOR

ESTOU COM FRIO

ESTOU COM FOME

ESTOU COM SEDE

QUERO IR AO BANHEIRO

ESTOU COM RAIVA

ESTOU TRISTE

ESTOU FELIZ

ESTOU COM MEDO

QUEREM ME ABRAÇAR

TENHO QUE TOMAR BANHO

VOU A ALGUM LUGAR QUE NÃO CONHEÇO

ESTOU COM SONO

ESCUTO MÚSICA

QUEREM ME BEIJAR

ESTOU FRUSTRADO

ESTOU COM CIÚME

ANDO DESCALÇO

VOU PARA UMA FESTA

ESTOU COM MUITAS PESSOAS

ESTOU SOZINHO

TENHO QUE DORMIR

TENHO QUE ACORDAR

VOU PARA CASA DE PARENTE

ESTOU CURIOSO

ESTOU ANSIOSO

TENHO QUE ESCOVAR OS DENTES

ESTOU SUJO

ESTOU NERVOSO

ESTOU DOENTE

PINGUE PONGUE◇ PINGUE PONGUE◇ PINGUE PONGUE◇ PINGUE PONGUE◇ PINGUE PONGUE◇ PINGUE PONGUE◇ PINGUE PONGUE◇ PINGUE PONGUE◇ PINGUE PONGUE◇ PINGUE PONGUE◇

PINGUE PONGUE◇ PINGUE PONGUE◇ PINGUE PONGUE◇ PINGUE PONGUE◇ PINGUE PONGUE◇ PINGUE PONGUE◇ PINGUE PONGUE◇ PINGUE PONGUE◇ PINGUE PONGUE◇ PINGUE PONGUE◇

PINGUE PONGUE◇ PINGUE PONGUE◇ PINGUE PONGUE◇ PINGUE PONGUE◇ PINGUE PONGUE◇ PINGUE PONGUE◇ PINGUE PONGUE◇ PINGUE PONGUE◇ PINGUE PONGUE◇ PINGUE PONGUE◇

LAVO O ROSTO	ESTOU CALADO	ME SINTO CULPADO
ESTOU INFELIZ	MINTO PARA AS PESSOAS	TOCO EM ALGO GELADO
TOCO EM ALGO QUENTE	TOCO EM ALGO MELECADO	TOCO EM TINTA
FALO AO TELEFONE	BRINCO COM OUTRAS CRIANÇAS	VOU AO PARQUE
VOU AO SHOPPING	VOU PARA ESCOLA	LEIO UM LIVRO
VOU AO MÉDICO	VOU TOMAR INJEÇÃO	BRINCO COM UM ANIMAL
ARRUMO MEU QUARTO	CORTO A UNHA	LAVO O CABELO
VISTO ROUPA	ASSISTO À TELEVISÃO	ESCORREGO
CORRO	BATO EM OUTRA PESSOA	MORDO OUTRA PESSOA
TENHO QUE ESPERAR	CHEIRO ALGO	CORTO O CABELO

PINGUE PONGUE◇ PINGUE PONGUE◇ PINGUE PONGUE◇ PINGUE PONGUE◇ PINGUE PONGUE◇ PINGUE PONGUE◇ PINGUE PONGUE◇ PINGUE PONGUE◇ PINGUE PONGUE◇ PINGUE PONGUE◇

PINGUE PONGUE◇ PINGUE PONGUE◇ PINGUE PONGUE◇ PINGUE PONGUE◇ PINGUE PONGUE◇ PINGUE PONGUE◇ PINGUE PONGUE◇ PINGUE PONGUE◇ PINGUE PONGUE◇ PINGUE PONGUE◇

PINGUE PONGUE◇ PINGUE PONGUE◇ PINGUE PONGUE◇ PINGUE PONGUE◇ PINGUE PONGUE◇ PINGUE PONGUE◇ PINGUE PONGUE◇ PINGUE PONGUE◇ PINGUE PONGUE◇ PINGUE PONGUE◇

PINGUE PONGUE ♡

PINGUE PONGUE ♡

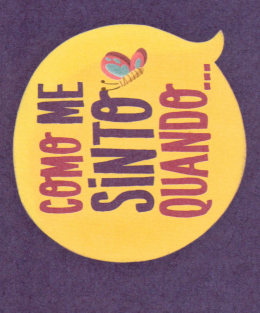

PINGUE PONGUE

PINGUE PONGUE